ROSALIE TAVERNIER

Manchmal möchte ich einfach nur auf einer Bank sitzen und in den Tag träumen

ROSALIE TAVERNIER

Manchmal möchte ich einfach nur auf einer Bank sitzen

und in den Tag träumen

THIELE VERLAG

Für alle, die mit mir

in den Tag träumen möchten,

obwohl sie dafür

eigentlich keine Zeit haben.

Wunderbare Momente

Unweit meines Hauses gibt es einen kleinen Park. Ich gehe manchmal hindurch, um meinen Weg abzukürzen, meistens bin ich in Eile. Neulich, als ich wieder einmal raschen Schrittes die kleinen Wege entlangging, meinen Kopf voller Gedanken, was alles noch zu erledigen wäre, sah ich auf einer der grünen Bänke eine Frau sitzen. Sie war ganz vertieft in ein dickes Buch und las versonnen lächelnd in den

Seiten, während die Sonne vor ihren Schuhen kleine Kreise malte und ein Vogel in den Zweigen zwitscherte. Ich verlangsamte meinen Schritt, schaute sehnsüchtig auf das friedliche Bild und dachte mit einem Mal, dass ich auch gern einfach mal auf einer Parkbank in der Sonne sitzen würde, um ein Buch zu lesen. Was für ein einfaches Vergnügen wäre das! Und dann dachte ich ein wenig verblüfft, dass ich das eigentlich jederzeit tun könnte. Wer würde mich denn daran hindern?

Es gibt so viele kleine Dinge, die wir eigentlich tun könnten, wenn wir das »eigentlich« einfach mal wegließen. Weil sie nicht mehr kosten als ein bisschen Zeit. Dieses Büchlein soll uns daran erinnern und eine kleine Anregung bieten für all jene wunderbaren Momente, in denen wir uns ganz selbst gehören.

MANCHMAL möchte ich mir
einen Frühlingstag einfach so in die
Taschen stopfen,
um ihn hervorzuholen
an einem grauen Morgen im November
und mit einem Lächeln daran denken,
dass hinter dem Regen
vor meinem Fenster
schon der nächste Frühling wartet.

MANCHMAL möchte ich dir
einfach nur sagen, wie schön es ist,
dich als Freundin zu haben.
Manchmal möchte ich dir einfach
nur sagen:
Das größte Geschenk bist du.

MANCHMAL möchte ich den Roman
meines Lebens schreiben.
Oder vielleicht auch einfach nur
den Roman der glücklichsten
Woche meines Lebens.

MANCHMAL möchte ich einfach
nur den ersten Kaffee des Tages
mit dir trinken.
Dir über den Rand meiner Tasse
zulächeln und dabei plötzlich denken:
Nein, nicht manchmal.
Am liebsten immer.

REGIONS

MANCHMAL möchte ich einfach mal

nicht so streng mit mir sein.

Mir selbst Sachen nachsehen.

Fünfe gerade sein lassen.

Nicht verzweifeln, wenn etwas

nicht gleich gelingt.

Und auf all das schauen,

was mir geglückt ist.

MANCHMAL möchte ich einfach nur

mit dir am Meer sitzen.

Arm in Arm.

Meinen Kopf an deiner Schulter.

Wie damals, als wir noch

alle Zeit der Welt hatten.

MANCHMAL glaube ich einfach
daran, dass eine Blume
alles verändern kann.
Dass sie die Bitterkeit besänftigt,
den Ärger in Luft auflöst.
Dass sie ein Lächeln zaubert
auf jedes Gesicht.

MANCHMAL möchte ich mir
aus tausend Düften dieser Welt
den einen mischen,
der mich an alle ersten Male erinnert:
als ich zum ersten Mal das Meer sah,
als ich mir zum ersten Mal
unter dem Sternschnuppenhimmel
etwas wünschte,
als ich zum ersten Mal
mit klopfendem Herzen
an der Mimosenhecke auf dich wartete.

MANCHMAL möchte ich mich
einfach nur irgendwo verstecken.
Mucksmäuschenstill lausche ich
den suchenden Schritten,
die mich nicht finden.
Bin verschwunden, nicht mehr da,
schlage lächelnd
der Welt ein Schnippchen.

DREAM

MANCHMAL möchte ich nicht sehen,
was ist. Ich möchte einfach nur sehen,
was sein könnte.
Und mit etwas Zuversicht und Glück
werden aus meinen Träumen
Pläne und aus meinen Plänen
wird das Leben, wie ich es mir wünsche.

MANCHMAL möchte ich mir
das Leben einfach von
einem Kind erklären lassen,
möchte wieder lernen,
mit unverstelltem Blick
auf die Welt zu schauen
und alle meine Zweifel eintauschen
gegen die Freude
an der Vollkommenheit
eines einzigen bunten Herbstblattes.

MANCHMAL möchte ich
für einen Moment innehalten.
Hoch oben über dem gewaltigen
Strom des Lebens schweben
und meine eigene Stärke wieder spüren.

MANCHMAL möchte ich mir einfach
Zeit nehmen für eine Teestunde mit dir.
Das behagliche Geräusch, wenn der Tee
in die feinen Porzellantassen fließt.
Der feine Duft das Zimmer erfüllt.
Die Ruhe, die einkehrt,
wenn wir uns ohne Eile
alles erzählen.

MANCHMAL möchte ich
mein kleines Licht
weitergeben an die Welt.
Und wenn die Welt zu groß ist,
dann doch zumindest
an den Menschen,
der allein in der Dunkelheit
auf ein Zeichen wartet.

MANCHMAL möchte ich einfach nur
mit einem Buch
in den kleinen Park gehen,
mir einen Platz unter
der alten Kastanie suchen
und stundenlang lesen.

MANCHMAL möchte ich einfach nur
ein bisschen mutiger sein als sonst.
Möchte beherzt über den
eigenen Schatten springen.
Wie die Heldin meiner Kindertage,
so frech und wild und wunderbar.

WILKIN & SONS LTD
Tiptree
'OLD TIMES' ORANGE
FINE CUT MARMALADE
TIPTREE·ESSEX·ENGLAND

MANCHMAL möchte ich meinen Tag
einfach so beginnen:
Zwei goldbraun geröstete
Toastscheiben, zerfließende Butter,
süße Marmelade.
Mehr braucht es nicht für einen
geglückten Morgen.

MANCHMAL möchte ich mich
einfach wieder daran erinnern,
dass die Liebe im Winter beginnt,
dass das Wunderbare auf mich wartet,
wenn ich nur die Straße überquere.

MANCHMAL möchte ich
in einem Plattenladen stöbern,
alte Schätze nach Hause tragen.
Eine Zeit zum Leben erwecken,
als man Musik noch anfassen konnte,
als man eine schwarze Scheibe
vorsichtig aus der Hülle zog
und das leise Knistern der Saphirnadel
den ersten Ton versprach.

Silence

MANCHMAL möchte ich einfach
wieder wie ein Kind
auf einem bunten Karussell
meine Runden drehen,
lachen, winken, ganz viel Spaß haben
und am Ende atemlos jauchzen:
„Noch mal!"

MANCHMAL möchte ich einfach
an die kleine Felsbucht zurück,
wo ich viele Sommer
so unbeschwert war.
Auf das glitzernde Wasser schauen,
an die Leichtigkeit jener Tage denken
und beglückt feststellen:
Ein Stück davon ist immer noch da.

MANCHMAL möchte ich einfach nur
in einem stillen Wintergarten sitzen,
mich ausruhen und warten,
bis die Sonne
meine Nasenspitze kitzelt.

MANCHMAL möchte ich
meine tausend ausgedachten
Katastrophen einfach wegpusten
und darauf vertrauen,
dass ich die eine,
die möglicherweise Wirklichkeit wird,
dann schon meistern werde.

ORGANIC
FARM DIRECT
forget me not
$7.00

MANCHMAL möchte ich einfach

nur, dass du weißt:

Wie viele Jahre auch vergehen,

ich werde dich nicht vergessen.

Nie.

MANCHMAL möchte ich einfach
einen riesigen Berg Waffeln backen,
meine Türen weit öffnen
und wen einladen.

MANCHMAL möchte ich mir einfach
inmitten von allem die Zeit nehmen,
dir zu schreiben.
Meine Blätter mit Worten füllen,
zärtlichen, lustigen und schönen,
die dir eines Morgens
in deinen Briefkasten flattern
wie weiße Vögel.

LETTERE

MANCHMAL möchte ich einfach nur
Ordnung schaffen in meinem Leben.
Schränke und Schubladen aufräumen,
bis in die tiefsten Kammern
meiner Seele.
Alles Überflüssige loswerden,
mich selbst entsorgen,
meine Leichtigkeit bestaunen.
Ein spiegelnder Tisch,
von Licht überflutet,
auf dem nur Blumen stehen.

MANCHMAL möchte ich dir so gerne
meine Sehnsuchtsorte zeigen,
möchte dich mitziehen,
alle Treppen hinauf,
in mein Vertrautes, das für dich neu ist.
Und manchmal möchte ich es
genau andersherum.

MANCHMAL möchte ich das Leben
einfach so nehmen, wie es kommt.
Mich am Guten lange freuen,
das Schlechte rasch vergessen.
Und jede Blume pflücken,
die ich am Wegesrand sehe.

MANCHMAL möchte ich
früh am Morgen allein
durch einen fremden Ort schlendern,
möchte die Laternen verlöschen sehen
und mich berühren lassen
von der Unberührtheit
eines neuen Tages.

MANCHMAL möchte ich einfach
stundenlang mit dir telefonieren.
So lange, bis die Tür aufgeht
und jemand ungläubig fragt:
„Telefoniert ihr immer noch?!“
Und dann lachend rufen: „Ja!“

MANCHMAL möchte ich am liebsten

alle Pinsel tief in die

Farbeimer tauchen

und alle grauen Mauern bunt anmalen.

Bunter, als es die Polizei erlaubt.

MANCHMAL möchte ich dir

einfach nur danken

für dein Lachen,

für deine vielen »prima« Ideen,

für die Dinge, die du mit mir teilst,

und dafür, dass alle meine Geheimnisse

bei dir so gut aufgehoben sind.

MANCHMAL möchte ich einfach
so lange am Strand entlanggehen,
bis ich ganz allein bin.
Vor mir nur die untergehende Sonne,
in deren dunkles Gold
ich meinen Herzenswunsch lege.

MANCHMAL möchte ich

einfach nur zuhören.

Nicht während ich den Tisch decke

oder die Wäsche bügle.

Nur zuhören, der Musik lauschen.

Träumen mit offenen Augen.

MANCHMAL möchte ich
einfach nur
ganz weit weg sein
oder ganz weit oben.
Wo der Lärm der Welt
mich nicht erreicht.
Wo die Stille
sich im Wasser spiegelt.

MANCHMAL möchte ich einfach
ganz fest daran glauben,
dass alle Wünsche,
die man ins Universum schickt,
nicht verloren gehen.

MANCHMAL möchte ich einfach nur
ein Zimmer mit Aussicht.
Und dann stoße ich jeden Morgen
die Läden weit auf
und schaue aufs Meer,
über die kleine Stadt zu meinen Füßen,
in einen verwunschenen Garten.

MANCHMAL möchte ich einfach
etwas geduldiger sein.
Die Kunst des Wartens beherrschen,
in einer Welt, die sich
immer schneller dreht.
Akzeptieren, dass alles
seine Zeit braucht, um zu wachsen
und zu einem guten Ende zu kommen.

MANCHMAL möchte ich
einfach nur
einen Augenblick verweilen
und die Schönheit
eines Kirschblütenzweigs
bewundern.

MANCHMAL möchte ich einfach

nur für ein Wochenende

mit dir ans Meer fahren.

Wir beide im Liegestuhl,

die Füße im warmen Sand.

Lachen. Reden. Alles verstehen.

Zwei Freundinnen

für immer.

MANCHMAL möchte ich einfach nur
etwas ganz Nutzloses tun.
Durch ein Kaleidoskop gucken.
Seifenblasen aufsteigen lassen.
Den Kopf in den Nacken legen
und Schneeflocken anschauen,
die mir entgegenwirbeln
wie Millionen von Sternschnuppen.

MANCHMAL möchte ich einfach nur
meinen Sonntag wiederhaben.
Ausschlafen, im Bett frühstücken,
lesen, dösen, telefonieren,
Zeit vertrödeln.
Und später vielleicht dann
ein kleiner Spaziergang
und ein großes Stück Kuchen
mit Schlagsahne.

MANCHMAL möchte ich einfach
all die wunderbaren Schnappschüsse
aus meinem Handy befreien
und sie an einem
regnerischen Nachmittag
in mein liebstes
Erinnerungsalbum kleben.

MANCHMAL möchte ich einfach
nur eine Tafel Schokolade.
Weil Schokolade immer
eine gute Idee ist.

CHOCOLAT CHOCOLAT
CHOCOLAT CHOCOLAT

MANCHMAL möchte ich dir
gern sagen:
Wenn du eines Tages damit
aufhören solltest,
überraschend vorbeizukommen,
plötzlich an meiner Tür
zu klingeln
und lachend zu erklären:
»Ich war grad in der Gegend
und dachte, ich probier's mal« –
würde mir das sehr fehlen.

MANCHMAL möchte ich
von den vielen Versprechen,
die ich mir selbst gegeben habe,
einfach nur eines halten.
Eine Sache werde ich ändern,
versprochen!

MANCHMAL möchte ich einfach
nur durch den Wald spazieren,
tief Luft holen und
zwischen alten hohen Bäumen
mich selbst finden,
meine Kraft und meine Ruhe.

MANCHMAL möchte ich

einfach wieder

auf Wolken schweben.

Mich verzaubern lassen.

An die Poesie des Lebens glauben.

MANCHMAL möchte ich einfach

nur für eine Weile

auf einer Bank sitzen

und in den Tag träumen.

Und heute

fange ich damit an.

BILDNACHWEIS

11: Steshka Willems. 13: Daria Shevtsova. 14: Milkovi. 17: Gian Cescon. 18: Ben White. 21: Daria Shevtsova. 22: Ian Schneider. 25: Alex Sajan. 26: Inna Lesyk. 28: Daniel Apodaca. 31: Gabby Orcutt. 32: Artem Bali. 34: Anette Lusina. 37: Matheus Bertelli. 39: Alex Blajan. 40: Danka Peter. 42: Calum Lewis. 44: Joseph Pearson. 47: Benjamin Robyn Jespersen. 48: Brigitte Tohm. 51: Alessio Lin. 52: Arno Smit. 54: Nine Kopfer. 56: Irina. 58: Loli Clement. 61: Flavio Amiel. 62: Anh Thu. 65: Alessio Lin. 66: Ardi Evans. 69: Felix Mittermeier. 71: Jon Ly. 72: Rhondak. 75: Sam Manns. 76: Andrew Bui. 78: Alex Blajan. 81: Cristina Gottardi. 82: Annie Spratt. 84: Stas Ovsky. 86: Tan Danh. 89: Tomoko Uji. 90: Rawpixel. 92: Catherine Zaidova. 94: Kyle Loftus. 96: Matheus Bertelli. 99: Craig Whitehead. 100: Kristina Bratko. 103: Jonas Vincent. 104: Pixabay. 107: Flaunter. 108 und Umschlagbild: Maggie McCall/Arcangel Images.

ISBN 978-3-85179-437-3

Umschlaggestaltung: Christina Krutz, Biebesheim am Rhein
Bildredaktion: Renaissance Books, München
Gestaltung und Satz:
Christine Paxmann text • konzept • grafik, München
Druck und Bindung: Theiss, St. Stefan im Lavanttal

www.thiele-verlag.com